This journal belongs to:

_____

ISBN: 9798401469199

Book cover designed by T.evenire Branding & Design, Inc.
email4terassmithsmith@gmail.com - 678.698.4208

Note from the Author

One of the most memorable books I read growing up as a child was, "Are you there God, It's me Margaret[1]." The book tells the story of a little girl's journey as she enters the world of "becoming a young lady" and how she viewed her first menstrual cycle.

Currently at 51 ½ years old, I created this book to document my journey as I celebrate my last menstrual cycle via a Larparoscopic Hysterectomy for Uterine Prolapse. I had my first cycle at 10 years of age in Okinawa, Japan in Ms. Bennett's 4th grade class, and it was a day I will never forget. I thought I was dying and I can still remember the horrific pain I felt in the bathroom stall. That's 42 years {minus the birth of my 4 children} and I am excited to close this chapter of the cycle of my life.

While preparing for the surgery, I thought I had researched and read enough to prepare me for the journey. NOPE! There were moments that I had to cry out to God for guidance, support, and forgiveness {cuz the words that I used and thoughts that I had during the first few days…forgive me Jesus!!}

The purpose of this journal is to give you a space to write down your experiences and reflect on your progress and share with others that may need support. Just know that this journey may be painful, humbling, and {if you allow it} transforming. This time in your life may be lonely because you see others going on about their days while you are stuck sitting and watching. Or it may be a well-planned time where you are showered with love and support. Either way, I am here to support you and offer the following suggestion: "trust the process or be forced to repeat the cycle and risk causing more pain to yourself and your loved ones as they watch you with caring eyes."

Oh, I almost forgot! While designing this journal I realized the book was written the same year that I was born, 1970. Wow, what a Godwink!

Juras

---

1. Blume, Judy. (1970). Are you there God? It's me, Margaret. New York

This publication is not medical advice and should not be used in lieu of medical attention, these are examples of what I personally used on my hysterectomy recovery journey. Please seek medical attention as you work on a plan to aid you during your recovery.

You may have days that you will feel great and pain free, however, do not over exert yourself. I had days that I woke up feeling great, pain free, well-rested, ready to cook breakfast and vacuum my floor. I did not do all those tasks, but I did move too fast by returning too my normal activity too soon. Upon seeking medical attention, I was told to resume my post-surgery instructions "go sit down and rest". Cramps, back aches, bleeding, fatigue, and irritability were signs that I needed to rest and discontinue my current activity.

During the first few days I had to have my entire home on quiet mode. I missed a dose of medication because I was asleep, and it took me an entire day to get my body back on track. The sound of a closed door could be felt throughout my body and to say that I was a little on edge was an understatement. I was often reminded that the pain medicaton were prescribed based on my medical history and need. I have seen people become addicted to pain medication and did not want to be dependent on them. But when taken properly, medications aid in my body's recovery and healing. Pain can increase stress leading to a cascade of physiological events that can stall wound healing. Always remember "Your body must heal from the inside out."

Use those "feel good days" to build upon and invest into your healing bank. Time and rest are the perfect duo to fully recover from this type of surgery.

Prior to my hysterectomy, I had to address the following areas of my life: Emotionally, Financially, Physically, Spiritually and Mentally

Emotionally

As soon as I knew that I was having surgery I notified my family, friends, and clients. I needed the people around me to understand that I was not having a hysterectomy, but "we" were having a hysterectomy. I needed them to be on board with their support, understanding, and patience because this surgery will not only affect me but those around me.

I began taking a member of my care team to my doctor appointments so that they could understand first-hand what was about to happen. There would be moments during my aftercare that my caregivers would have to understand and agree to facilitate certain post-op tasks.

In my area, Pre-COVID a full hysterectomy was an inpatient procedure, however, Post-COVID a full hysterectomy was an outpatient procedure. Unexpectedly, I spent 4 days in the hospital because the was pain unmanageable. This meant that I needed my care team to be on standby during my hospital stay.

Financially

I had to prepare my household by stocking up on the items that I will need. I gave our household a good cleaning and a good food & snack shopping spree. From my favorite cookies and popcorn to my safety pillow to hold my ice pack. I also created a wish list in the event someone asked what I needed or wanted. I used the notes feature on my phone so that I could easily share it with my caregivers, this as an ongoing list of my wants and needs.

It is important to remember that you will be unable to drive, cook, and/or take care of any details for several weeks. Money matters are a stressor for me, and I had to alleviate any unnecessary spending during this time. An important way I helped myself in this area was to suspend my in-person memberships and recurring payments that were not necessary.

Physically

While in the hospital, my care team monitored my medication and ensured that I took the medication in a timely manner. We also monitored which medication worked and did not work as well as the dosage. Yes, the nurses were always readily available when we called, but we tried to limit their time in my room due to the COVID. We contacted them 30 minutes before my scheduled time to ensure that I was receiving the meds "before" the pain hit. Pain management in the first few days is crucial and was my most demanding area of need. Excessive pain caused my blood pressure to rise, heighten my sensitivity, and made me highly irritable. Pain hurts not only you but those around us, so find out before the surgery what your pain tolerance is, or how much irritation you can take before it become unbearable. Communicate this with your doctors before surgery so they can take this into consideration when preparing for your Post-OP care. From the wish list I spoke about earlier, my favorite aid was my pillow and ice pack. They not only saved me during moments of pain but aided me during moments of random hot flashes.

Here's a forewarning: while the aftercare and healing parts of the surgery are often painful {and your main source of pain} add constipation in there too. As soon as you can begin taking your pain medication, it's likely you will run into the problem of constipation. The doctors will prescribe stool softeners to help with this matter but start to think about what you can eat or drink that will help you have a bowel movement daily with ease. What helps your stomach? What keeps your stool soft & healthy? Any laxatives you prefer? For me, hot chocolate with caramel works every time.

It's important to know when you will be able to start walking daily. This will allow you to plan your exercise routine and keep you mobile. As a bonus, this can help liven up your care space by sitting or moving around {per doctor's orders} as well as different areas of your home. To help me feel a bit of normalcy and productivity, I like to keep water bottles near my plants so that as I walk by, I can water my flowers too. Think about the things you did around the house before surgery. Plan to incorporate some light tasks or personal touches to help with your mood and overall motivation to get back to your new normal.

Spiritually & Mentally

My spiritual and mental wellness were challenged during this time because I had a false sense of wellness. I constantly came to terms with the fact that once I began to feel well {while under medication}, it was only fleeting. I needed to grant myself the time for my wounds to heal, so doing too much during this time can not only setback your healing, but completely restart the clock. I relied on online church services to feed my inner soul and their words to heal those dark places of doubt and loneliness. One area that I struggled with was loneliness. I wanted those around me to be homebound with me. I realized that was not fair to anyone. I had to look at this process as time with God to allow him room to talk to me and even more space for me to really listen. This was also a time when I had to admit to myself that there were times that I was "not okay" and that is good - healthy even. All things have a time, season, and purpose. This was my time to heal {mentally, physically, and spiritually} and I had to accept the help that others gave me at their level. No one will ever care for you perfectly or without flaw as you care for others and yourself, so get rid of that thinking. Learn to embrace being grateful for their efforts and be quick to show appreciation. Say thank you and say it often. Caring for another person is draining, so personal unspoken expectations or expecting too much of others {more than their normal bandwidth} will have you crying empty tears of loneliness. Accept the help that is offered and self-help the rest.

Have hidden stashes of snacks when food does not come when you want it {don't be afraid to ask when you are hungry}. Set alarms in your phone to stay on top of your meds {don't shy away from asking your care team to remind you}. Use your "Do not disturb" feature on your phone for moments when you need to sleep the pain away {never underestimate the power of asking for some company as you watch tv}. I spent days not talking because talking hurt from the inside. Try to refrain from yelling or talking too much in the early stages of your healing. The surgery left my throat sore, so popsicle became my well-needed snack.

At Home Bleeding vs. Spotting

Understand the difference and allow your doctor to show you before surgery what is good spotting vs bad bleeding. Have your doctor's numbers available as well as steps to reach the appropriate medical care team, in case of questions and concerns. I had to reach out to my doctors and send very graphic pictures of my sanitary napkins to determine if I was bleeding or spotting. It is acceptable, and necessary, to send pictures, but please add warning to your message before sending. Have a plan just in case you need to reach out to them, but don't wait until you need them to prepare. "Don't get ready, Stay ready!"

Sleeping/Bedding

I moved my items to the guest bedroom on the main level of our house after my 2nd surgery {yes, you read that right!}. Truthfully, I did too much going up and down the stairs too many times and had to have a 2nd surgery to fix a problem that I think I caused.

Fill your drawers with comfortable loose-fitting clothing as well as socks, and undergarments. And don't forget about your extra pillows. Depending on your type of surgery you may not feel comfortable with items around your abdomen. I also setup a mini-office with a desk, chair and printer for those times when I wanted to sit and do light computer work.

One of my biggest post-surgery wins was the day I took my first shower with "smell good body wash" and put on clothing other than my gown. I got fully dressed with a bra, my own panties {finally letting go of my surgery mesh panties} a loose fitting t-shirt and my husbands pajama pants. I felt like I was walking on the red carpet to an exclusive event. I looked in the mirror and truly smiled. I allowed my senses to transform my mood and aid in my inner healing. "I smelled good, looked good and felt good!" Even though I felt better, I did not return to my normal activities. Trust me, I've learned my lesson.

Note to self: Take mini walks around your home, avoid constipation, manage the pain, get lots of rest, find ways to entertain yourself {read books, coloring pages, and puzzles} anything you can do while reclined, relaxing in your loose fitting clothing and comfy socks.

My Prayer

It is my prayer that you use this journal not only as a tool to aid you during your healing from surgery but also to heal from inner pain. Use this journal as a backup to track your eating, water intake, pain management, and medication list. Allow the pages to be a reminder of how you can overcome a moment in your life that was painful and hard. Look back and see your daily or weekly accomplishments no matter how small they may seem. Listen, I was excited to pee in a toilet for the first time without aid, and that's was a BIG accomplishment to me.

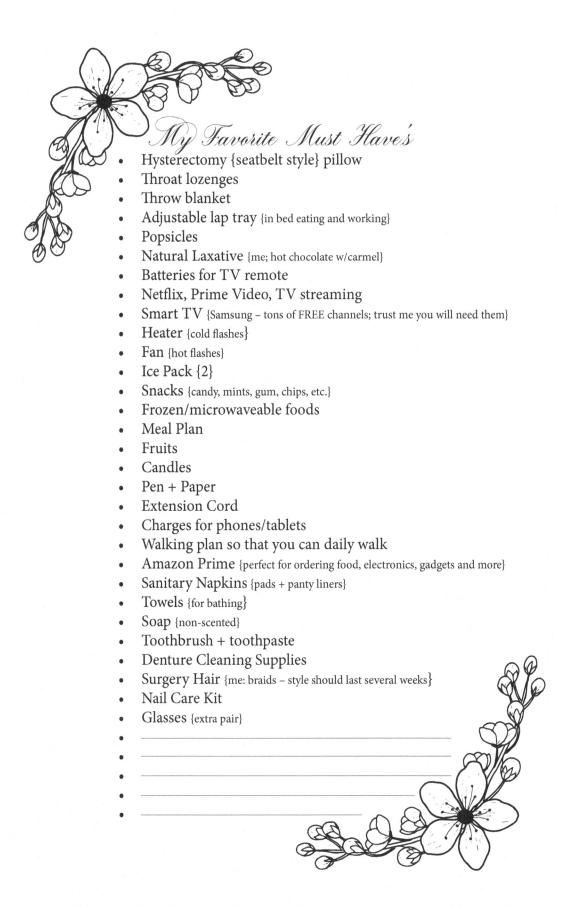

My Favorite Must Have's

- Hysterectomy {seatbelt style} pillow
- Throat lozenges
- Throw blanket
- Adjustable lap tray {in bed eating and working}
- Popsicles
- Natural Laxative {me; hot chocolate w/carmel}
- Batteries for TV remote
- Netflix, Prime Video, TV streaming
- Smart TV {Samsung – tons of FREE channels; trust me you will need them}
- Heater {cold flashes}
- Fan {hot flashes}
- Ice Pack {2}
- Snacks {candy, mints, gum, chips, etc.}
- Frozen/microwaveable foods
- Meal Plan
- Fruits
- Candles
- Pen + Paper
- Extension Cord
- Charges for phones/tablets
- Walking plan so that you can daily walk
- Amazon Prime {perfect for ordering food, electronics, gadgets and more}
- Sanitary Napkins {pads + panty liners}
- Towels {for bathing}
- Soap {non-scented}
- Toothbrush + toothpaste
- Denture Cleaning Supplies
- Surgery Hair {me: braids – style should last several weeks}
- Nail Care Kit
- Glasses {extra pair}
- _____
- _____
- _____
- _____
- _____

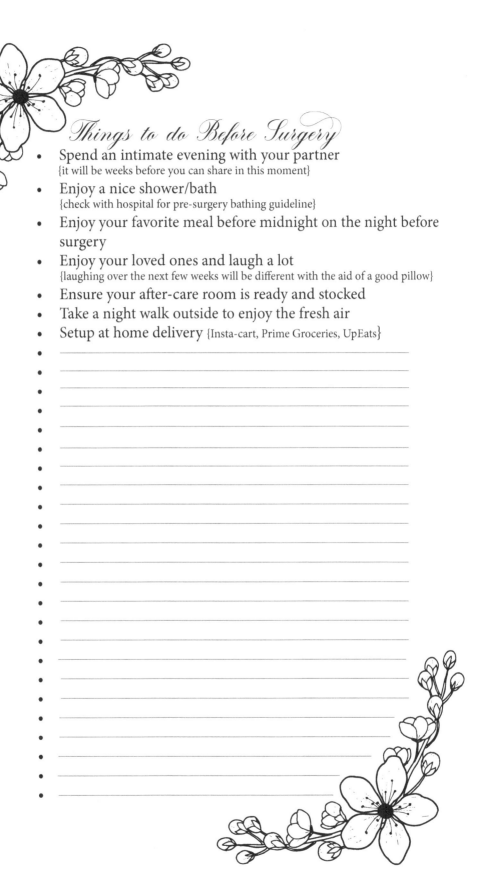

Things to do Before Surgery

- Spend an intimate evening with your partner
  {it will be weeks before you can share in this moment}
- Enjoy a nice shower/bath
  {check with hospital for pre-surgery bathing guideline}
- Enjoy your favorite meal before midnight on the night before surgery
- Enjoy your loved ones and laugh a lot
  {laughing over the next few weeks will be different with the aid of a good pillow}
- Ensure your after-care room is ready and stocked
- Take a night walk outside to enjoy the fresh air
- Setup at home delivery {Insta-cart, Prime Groceries, UpEats}
- _____
- _____
- _____
- _____
- _____
- _____
- _____
- _____
- _____
- _____
- _____
- _____
- _____
- _____
- _____
- _____
- _____
- _____
- _____
- _____
- _____
- _____
- _____
- _____
- _____

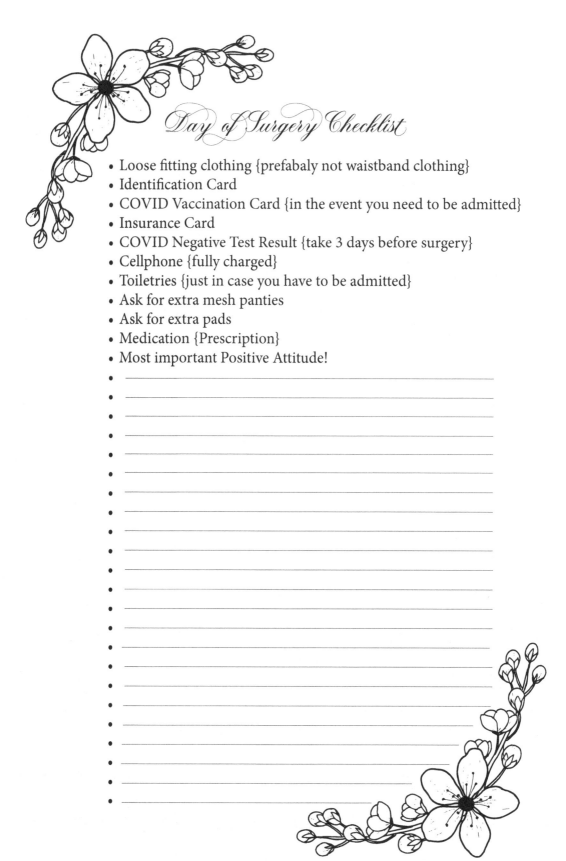

Day of Surgery Checklist

- Loose fitting clothing {prefabaly not waistband clothing}
- Identification Card
- COVID Vaccination Card {in the event you need to be admitted}
- Insurance Card
- COVID Negative Test Result {take 3 days before surgery}
- Cellphone {fully charged}
- Toiletries {just in case you have to be admitted}
- Ask for extra mesh panties
- Ask for extra pads
- Medication {Prescription}
- Most important Positive Attitude!
- _____
- _____
- _____
- _____
- _____
- _____
- _____
- _____
- _____
- _____
- _____
- _____
- _____
- _____
- _____
- _____
- _____
- _____
- _____
- _____
- _____
- _____
- _____

Pictorial Journey

December 17, 2021

Day of Surgery

Day of Surgey

-Surgery Setup

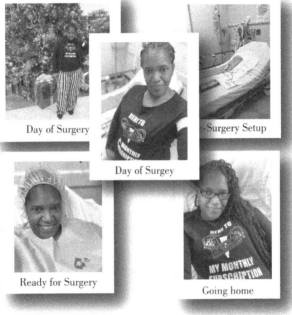

Ready for Surgery

Going home

December 27, 2021

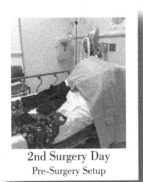

2nd Surgery Day
Pre-Surgery Setup

2nd Surgery Day

Journal Pages

8 weeks

Contact Information

Name: _____   Age: _____

First Menstrual Cycle   _____

Last Menstrual Cycle   _____

Hysterectomy Date   _____

Emergency Contact

Name _____

Phone _____

Name _____

Phone _____

_____

_____

_____

Medical Details

Doctor/Surgeon ————————————————

Telephone ————————————————

Followup Date & Time ————————————————

Doctor/Surgeon ————————————————

Telephone ————————————————

Followup Date & Time ————————————————

Surgery Weight ————————   Blood Type ————————

Notes: ————————————————

————————————————————

————————————————————

————————————————————

————————————————————

————————————————————

Date _____

Medication Listing

How do you feel?

☺ ☺ ☺ ☹ ☹

_____
_____
_____
_____
_____
_____
_____
_____
_____

Name	Dosage	Time
_____	_____	_____
_____	_____	_____
_____	_____	_____
_____	_____	_____
_____	_____	_____
_____	_____	_____
_____	_____	_____
_____	_____	_____
_____	_____	_____

Rate your Pain

☺ ☺ ☺ ☹ ☹ ☹

1 2 3 4 5 6 7 8 9 10 __

Flow

☐ 🌢 Heavy
☐ 🌢 Medium
☐ 🌢 Low
☐ 🌢 Spotting
☐ 🌢 _____

Liquid Intake

☐ ☐ ☐ ☐ ☐ ☐ ☐ ☐

☐ ☐ ☐ ☐ ☐

NOTES

_____
_____
_____
_____
_____
_____
_____
_____
_____
_____
_____
_____
_____

· ·
· ·
· ·
· ·
· ·
· ·
· ·
· ·
· ·

Date _____

Medication Listing

How do you feel?

☺ ☺ 😐 🙁 ☹

_____
_____
_____
_____
_____
_____
_____
_____
_____

Name	Dosage	Time
_____	_____	_____
_____	_____	_____
_____	_____	_____
_____	_____	_____
_____	_____	_____
_____	_____	_____
_____	_____	_____
_____	_____	_____
_____	_____	_____
_____	_____	_____

Rate your Pain

☺ ☺ 😐 🙁 ☹ 😣

1 2 3 4 5 6 7 8 9 10 __

Flow

- ☐ 🌢 Heavy
- ☐ 🌢 Medium
- ☐ 🌢 Low
- ☐ 🌢 Spotting
- ☐ 🌢 _____

Liquid Intake

☐ ☐ ☐ ☐ ☐ ☐ ☐

☐ ☐ ☐ ☐ ☐

NOTES

_____
_____
_____
_____
_____
_____
_____
_____
_____
_____

....
....
....
....
....
....
....
....
....

Date_____

Medication Listing

How do you feel?

☺ ☺ 😐 ☹ 😩

_____
_____
_____
_____
_____
_____
_____
_____

Name	Dosage	Time
_____	_____	_____
_____	_____	_____
_____	_____	_____
_____	_____	_____
_____	_____	_____
_____	_____	_____
_____	_____	_____
_____	_____	_____
_____	_____	_____

Rate your Pain

☺ ☺ 😐 ☹ 😢 😵

1 2 3 4 5 6 7 8 9 10 __

Flow

☐ 💧 Heavy
☐ 💧 Medium
☐ 💧 Low
☐ 💧 Spotting
☐ 💧 _____

Liquid Intake

☐ ☐ ☐ ☐ ☐ ☐ ☐

☐ ☐ ☐ ☐ ☐

NOTES

_____
_____
_____
_____
_____
_____
_____
_____
_____

. . . .
. . . .
. . . .
. . . .
. . . .
. . . .
. . . .
. . . .

Date _____

How do you feel?

☺ ☺ 😐 ☹ 😢

_____
_____
_____
_____
_____
_____
_____
_____

Rate your Pain

☺ ☺ 😐 ☹ 😢 %!#&

1 2 3 4 5 6 7 8 9 10 __

NOTES

_____
_____
_____
_____
_____
_____
_____
_____
_____
_____

Medication Listing

Name	Dosage	Time
_____	_____	_____
_____	_____	_____
_____	_____	_____
_____	_____	_____
_____	_____	_____
_____	_____	_____
_____	_____	_____
_____	_____	_____

Flow

☐ Heavy
☐ Medium
☐ Low
☐ Spotting
☐ _____

Liquid Intake

☐ ☐ ☐ ☐ ☐ ☐ ☐ ☐

☐ ☐ ☐ ☐ ☐

· ·
· ·
· ·
· ·
· ·
· ·
· ·
· ·

Date _____

Medication Listing

How do you feel?

☺ ☺ 😐 ☹ 😢

_____
_____
_____
_____
_____
_____
_____
_____

Name	Dosage	Time
_____	_____	_____
_____	_____	_____
_____	_____	_____
_____	_____	_____
_____	_____	_____
_____	_____	_____
_____	_____	_____
_____	_____	_____

Rate your Pain

☺ ☺ 😐 ☹ 😢 😣

1 2 3 4 5 6 7 8 9 10 ___

Flow
- ☐ 🩸 Heavy
- ☐ 🩸 Medium
- ☐ 🩸 Low
- ☐ 🩸 Spotting
- ☐ 🩸 _____

Liquid Intake

☐ ☐ ☐ ☐ ☐ ☐ ☐ ☐

☐ ☐ ☐ ☐ ☐

NOTES
_____
_____
_____
_____
_____
_____
_____
_____
_____
_____
_____
_____

....
....
....
....
....
....
....
....
....

Date_____

How do you feel?

😃 🙂 😐 🙁 😢

_____
_____
_____
_____
_____
_____
_____
_____

Medication Listing

Name	Dosage	Time
_____	_____	_____
_____	_____	_____
_____	_____	_____
_____	_____	_____
_____	_____	_____
_____	_____	_____
_____	_____	_____
_____	_____	_____
_____	_____	_____

Rate your Pain

😃 🙂 😐 🙁 ☹️ 🤬

1 2 3 4 5 6 7 8 9 10 __

Flow
- ☐ 💧 Heavy
- ☐ 💧 Medium
- ☐ 💧 Low
- ☐ 💧 Spotting
- ☐ 💧 _____

Liquid Intake

NOTES

_____
_____
_____
_____
_____
_____
_____
_____

....
....
....
....
....
....
....
....
....

Date _____

How do you feel?

☺ ☺ ☺ ☹ ☹

_____
_____
_____
_____
_____
_____
_____
_____
_____

Medication Listing

Name	Dosage	Time
_____	_____	_____
_____	_____	_____
_____	_____	_____
_____	_____	_____
_____	_____	_____
_____	_____	_____
_____	_____	_____
_____	_____	_____
_____	_____	_____
_____	_____	_____

Rate your Pain

☺ ☺ ☺ ☹ ☹ 😣%!#&

1 2 3 4 5 6 7 8 9 10 __

Flow

☐ 💧 Heavy
☐ 💧 Medium
☐ 💧 Low
☐ 💧 Spotting
☐ 💧 _____

Liquid Intake

☐ ☐ ☐ ☐ ☐ ☐ ☐ ☐

☐ ☐ ☐ ☐ ☐

NOTES

_____
_____
_____
_____
_____
_____
_____
_____
_____
_____
_____

....
....
....
....
....
....
....
....
....

Date _____

Medication Listing

How do you feel?

☺ ☺ ☺ ☹ ☹

_____
_____
_____
_____
_____
_____
_____
_____

Name	Dosage	Time
_____	_____	_____
_____	_____	_____
_____	_____	_____
_____	_____	_____
_____	_____	_____
_____	_____	_____
_____	_____	_____
_____	_____	_____
_____	_____	_____
_____	_____	_____

Rate your Pain

☺ ☺ ☺ ☹ ☹ 😖

1 2 3 4 5 6 7 8 9 10 __

Flow

☐ 🩸 Heavy
☐ 🩸 Medium
☐ 🩸 Low
☐ 🩸 Spotting
☐ 🩸 _____

Liquid Intake

☐ ☐ ☐ ☐ ☐ ☐ ☐ ☐

☐ ☐ ☐ ☐ ☐

NOTES

_____
_____
_____
_____
_____
_____
_____
_____
_____
_____

. . . .
. . . .
. . . .
. . . .
. . . .
. . . .
. . . .
. . . .
. . . .

Date _____

Medication Listing

How do you feel?

☺ ☺ ☺ ☹ 😢

_____
_____
_____
_____
_____
_____
_____
_____

Name	Dosage	Time
_____	_____	_____
_____	_____	_____
_____	_____	_____
_____	_____	_____
_____	_____	_____
_____	_____	_____
_____	_____	_____
_____	_____	_____

Rate your Pain

☺ ☺ ☺ ☹ 😢 🤬

1 2 3 4 5 6 7 8 9 10 __

Flow

☐ 💧 Heavy
☐ 💧 Medium
☐ 💧 Low
☐ 💧 Spotting
☐ 💧 _____

Liquid Intake

☐ ☐ ☐ ☐ ☐ ☐ ☐ ☐

☐ ☐ ☐ ☐ ☐

NOTES

_____
_____
_____
_____
_____
_____
_____
_____
_____
_____

· ·
· ·
· ·
· ·
· ·
· ·
· ·
· ·
· ·

Date _____

Medication Listing

How do you feel?

☺ ☺ ☺ ☹ 😢

_____
_____
_____
_____
_____
_____
_____
_____
_____

Name	Dosage	Time
_____	_____	_____
_____	_____	_____
_____	_____	_____
_____	_____	_____
_____	_____	_____
_____	_____	_____
_____	_____	_____
_____	_____	_____

Rate your Pain

☺ ☺ ☺ ☹ 😢 😠

1 2 3 4 5 6 7 8 9 10 __

Flow

- ☐ 💧 Heavy
- ☐ 💧 Medium
- ☐ 💧 Low
- ☐ 💧 Spotting
- ☐ 💧 _____

Liquid Intake

☐ ☐ ☐ ☐ ☐ ☐ ☐ ☐

☐ ☐ ☐ ☐ ☐

NOTES

_____
_____
_____
_____
_____
_____
_____
_____
_____
_____
_____
_____

....
....
....
....
....
....
....
....
....

Date _____

Medication Listing

How do you feel?

☺ ☺ ☺ ☹ ☹

_____
_____
_____
_____
_____
_____
_____
_____

Name	Dosage	Time
_____	_____	_____
_____	_____	_____
_____	_____	_____
_____	_____	_____
_____	_____	_____
_____	_____	_____
_____	_____	_____
_____	_____	_____

Rate your Pain

☺ ☺ ☺ ☹ ☹ 😡

1 2 3 4 5 6 7 8 9 10 __

Flow

☐ 💧 Heavy
☐ 💧 Medium
☐ 💧 Low
☐ 💧 Spotting
☐ 💧 _____

Liquid Intake

☐ ☐ ☐ ☐ ☐ ☐ ☐ ☐

☐ ☐ ☐ ☐ ☐

NOTES

_____
_____
_____
_____
_____
_____
_____
_____
_____

. . . .
. . . .
. . . .
. . . .
. . . .
. . . .
. . . .
. . . .

Date _____

How do you feel?

☺ ☺ 😐 ☹ 😞

_____
_____
_____
_____
_____
_____
_____
_____
_____

Medication Listing

Name	Dosage	Time
_____	_____	_____
_____	_____	_____
_____	_____	_____
_____	_____	_____
_____	_____	_____
_____	_____	_____
_____	_____	_____
_____	_____	_____
_____	_____	_____

Rate your Pain

☺ ☺ 😐 ☹ 😢 😵

1 2 3 4 5 6 7 8 9 10 __

Flow

☐ 🩸 Heavy
☐ 🩸 Medium
☐ 🩸 Low
☐ 🩸 Spotting
☐ 💧 _____

Liquid Intake

☐ ☐ ☐ ☐ ☐ ☐ ☐

☐ ☐ ☐ ☐ ☐

NOTES

_____
_____
_____
_____
_____
_____
_____
_____
_____
_____
_____

. . . .
. . . .
. . . .
. . . .
. . . .
. . . .
. . . .
. . . .

Date _____

How do you feel?

☺ ☺ 😐 ☹ 😢

_____
_____
_____
_____
_____
_____
_____
_____
_____

Medication Listing

Name   Dosage   Time

_____ _____ _____
_____ _____ _____
_____ _____ _____
_____ _____ _____
_____ _____ _____
_____ _____ _____
_____ _____ _____

Rate your Pain

☺ ☺ 😐 ☹ 😣 😤

1 2 3 4 5 6 7 8 9 10 __

Flow
☐ 💧 Heavy
☐ 💧 Medium
☐ 💧 Low
☐ 💧 Spotting
☐ 💧 _____

Liquid Intake

☐ ☐ ☐ ☐ ☐ ☐ ☐ ☐

☐ ☐ ☐ ☐ ☐

NOTES

_____
_____
_____
_____
_____
_____
_____
_____
_____
_____
_____

....
....
....
....
....
....
....
....
....

Date _____

Medication Listing

How do you feel?

😐 🙂 😐 🙁 😣

_____
_____
_____
_____
_____
_____
_____
_____
_____

Name	Dosage	Time
_____	_____	_____
_____	_____	_____
_____	_____	_____
_____	_____	_____
_____	_____	_____
_____	_____	_____
_____	_____	_____
_____	_____	_____

Rate your Pain

😄 😊 😐 🙁 😢 😖

1 2 3 4 5 6 7 8 9 10 ___

Flow

☐ 💧 Heavy
☐ 💧 Medium
☐ 💧 Low
☐ 💧 Spotting
☐ 💧 _____

Liquid Intake

☐ ☐ ☐ ☐ ☐ ☐ ☐ ☐

☐ ☐ ☐ ☐ ☐

NOTES

_____
_____
_____
_____
_____
_____
_____
_____
_____

....
....
....
....
....
....
....
....
....

Date _____

How do you feel?

☺ ☺ ☺ ☹ ☹

_____
_____
_____
_____
_____
_____
_____
_____

Medication Listing

Name	Dosage	Time
_____	_____	_____
_____	_____	_____
_____	_____	_____
_____	_____	_____
_____	_____	_____
_____	_____	_____
_____	_____	_____
_____	_____	_____
_____	_____	_____

Rate your Pain

☺ ☺ ☺ ☹ ☹ 😠

1 2 3 4 5 6 7 8 9 10 __

Flow
☐ 🩸 Heavy
☐ 🩸 Medium
☐ 🩸 Low
☐ 🩸 Spotting
☐ 🩸 _____

Liquid Intake

☐ ☐ ☐ ☐ ☐ ☐ ☐ ☐

☐ ☐ ☐ ☐ ☐

NOTES
_____
_____
_____
_____
_____
_____
_____
_____
_____
_____

....
....
....
....
....
....
....
....
....

Date _____

How do you feel?

☺ ☺ 😐 🙁 😢

_____
_____
_____
_____
_____
_____
_____
_____
_____

Medication Listing

Name	Dosage	Time
_____	_____	_____
_____	_____	_____
_____	_____	_____
_____	_____	_____
_____	_____	_____
_____	_____	_____
_____	_____	_____
_____	_____	_____
_____	_____	_____
_____	_____	_____

Rate your Pain

☺ ☺ 😐 🙁 😢 %!#&

1 2 3 4 5 6 7 8 9 10 __

Flow

☐ 🩸 Heavy
☐ 🩸 Medium
☐ 🩸 Low
☐ 🩸 Spotting
☐ 🩸 _____

Liquid Intake

☐ ☐ ☐ ☐ ☐ ☐ ☐

☐ ☐ ☐ ☐ ☐

NOTES

_____
_____
_____
_____
_____
_____
_____
_____
_____
_____

. . . .
. . . .
. . . .
. . . .
. . . .
. . . .
. . . .
. . . .
. . . .

Date _____

How do you feel?

☺ ☺ ☺ ☹ ☹

_____
_____
_____
_____
_____
_____
_____
_____

Rate your Pain

☺ ☺ ☺ ☹ ☹ 😡

1 2 3 4 5 6 7 8 9 10 __

NOTES

_____
_____
_____
_____
_____
_____
_____
_____
_____
_____
_____

Medication Listing

Name	Dosage	Time
_____	_____	_____
_____	_____	_____
_____	_____	_____
_____	_____	_____
_____	_____	_____
_____	_____	_____
_____	_____	_____

Flow
- ☐ Heavy
- ☐ Medium
- ☐ Low
- ☐ Spotting
- ☐ _____

Liquid Intake

☐ ☐ ☐ ☐ ☐ ☐ ☐ ☐

☐ ☐ ☐ ☐ ☐

....
....
....
....
....
....
....
....
....

Date _____

How do you feel?

😄 🙂 😐 🙁 😟

_____
_____
_____
_____
_____
_____
_____
_____

Rate your Pain

😄 🙂 😐 🙁 😢 🤬

1 2 3 4 5 6 7 8 9 10 __

NOTES

_____
_____
_____
_____
_____
_____
_____
_____
_____
_____
_____

Medication Listing

Name	Dosage	Time
_____	_____	_____
_____	_____	_____
_____	_____	_____
_____	_____	_____
_____	_____	_____
_____	_____	_____
_____	_____	_____
_____	_____	_____

Flow
- ☐ Heavy
- ☐ Medium
- ☐ Low
- ☐ Spotting
- ☐ _____

Liquid Intake

☐ ☐ ☐ ☐ ☐ ☐ ☐ ☐

☐ ☐ ☐ ☐ ☐

....
....
....
....
....
....
....
....
....

Date _____

Medication Listing

How do you feel?

😃 🙂 😐 🙁 😢

_____
_____
_____
_____
_____
_____
_____
_____

Name	Dosage	Time

Rate your Pain

😃 🙂 😐 🙁 😢 🤬

1 2 3 4 5 6 7 8 9 10 __

Flow
- ☐ 🔴 Heavy
- ☐ 🔴 Medium
- ☐ 🔴 Low
- ☐ 🔴 Spotting
- ☐ ⚪ _____

Liquid Intake

☐ ☐ ☐ ☐ ☐ ☐ ☐

☐ ☐ ☐ ☐ ☐

NOTES

_____
_____
_____
_____
_____
_____
_____
_____
_____
_____

. . . .
. . . .
. . . .
. . . .
. . . .
. . . .
. . . .
. . . .
. . . .

Date _____

How do you feel?

☺ ☺ 😐 ☹ 😣

_____
_____
_____
_____
_____
_____
_____
_____
_____
_____

Medication Listing

Name	Dosage	Time
_____	_____	_____
_____	_____	_____
_____	_____	_____
_____	_____	_____
_____	_____	_____
_____	_____	_____
_____	_____	_____
_____	_____	_____

Rate your Pain

☺ ☺ 😐 ☹ 😢 😖

1 2 3 4 5 6 7 8 9 10 __

Flow

☐ 💧 Heavy
☐ 💧 Medium
☐ 💧 Low
☐ 💧 Spotting
☐ 💧 _____

Liquid Intake

☐ ☐ ☐ ☐ ☐ ☐ ☐ ☐

☐ ☐ ☐ ☐ ☐

NOTES

_____
_____
_____
_____
_____
_____
_____
_____
_____
_____

· ·
· ·
· ·
· ·
· ·
· ·
· ·
· ·

Date _____

Medication Listing

How do you feel?

☺ ☺ ☺ ☹ 😢

_____
_____
_____
_____
_____
_____
_____
_____

Name	Dosage	Time

Rate your Pain

😊 🙂 😐 🙁 😣 %!#&

1 2 3 4 5 6 7 8 9 10 __

Flow
- ☐ 🌢 Heavy
- ☐ 🌢 Medium
- ☐ 🌢 Low
- ☐ 🌢 Spotting
- ☐ 🌢 _____

Liquid Intake

☐ ☐ ☐ ☐ ☐ ☐ ☐ ☐

☐ ☐ ☐ ☐ ☐

NOTES

_____
_____
_____
_____
_____
_____
_____
_____
_____
_____

....
....
....
....
....
....
....
....
....

Date _____

Medication Listing

How do you feel?

☺ ☺ 😐 ☹ 😣

_____
_____
_____
_____
_____
_____
_____
_____
_____

Name	Dosage	Time

Rate your Pain

☺ ☺ 😐 ☹ 😣 😖

1 2 3 4 5 6 7 8 9 10 __

Flow

- ☐ 💧 Heavy
- ☐ 💧 Medium
- ☐ 💧 Low
- ☐ 💧 Spotting
- ☐ 💧 _____

Liquid Intake

☐ ☐ ☐ ☐ ☐ ☐ ☐ ☐

☐ ☐ ☐ ☐ ☐

NOTES

_____
_____
_____
_____
_____
_____
_____
_____
_____
_____

. . . .
. . . .
. . . .
. . . .
. . . .
. . . .
. . . .
. . . .
. . . .

Date _____

How do you feel?

☺ ☺ ☺ ☹ ☹

_____
_____
_____
_____
_____
_____
_____
_____
_____

Medication Listing

Name	Dosage	Time

Rate your Pain

☺ ☺ ☺ ☹ ☹ 😖

1 2 3 4 5 6 7 8 9 10 __

Flow
☐ 🔵 Heavy
☐ 🔵 Medium
☐ 🔵 Low
☐ 🔵 Spotting
☐ 🔵 _____

Liquid Intake

☐ ☐ ☐ ☐ ☐ ☐ ☐ ☐

☐ ☐ ☐ ☐ ☐

NOTES

_____
_____
_____
_____
_____
_____
_____
_____
_____
_____

. . . .
. . . .
. . . .
. . . .
. . . .
. . . .
. . . .
. . . .
. . . .

Date_____

How do you feel?

☺ ☺ ☺ ☹ ☹

_____
_____
_____
_____
_____
_____
_____
_____

Medication Listing

Name	Dosage	Time
_____	_____	_____
_____	_____	_____
_____	_____	_____
_____	_____	_____
_____	_____	_____
_____	_____	_____
_____	_____	_____
_____	_____	_____

Rate your Pain

☺ ☺ ☺ ☹ ☹ %!#&

1 2 3 4 5 6 7 8 9 10 __

Flow

- ☐ Heavy
- ☐ Medium
- ☐ Low
- ☐ Spotting
- ☐ _____

Liquid Intake

☐ ☐ ☐ ☐ ☐ ☐ ☐ ☐

☐ ☐ ☐ ☐ ☐

NOTES

_____
_____
_____
_____
_____
_____
_____
_____
_____
_____

....
....
....
....
....
....
....
....
....

Date _____

Medication Listing

How do you feel?

😊 😊 😐 🙁 ☹️

_____
_____
_____
_____
_____
_____
_____
_____

Name	Dosage	Time
_____	_____	_____
_____	_____	_____
_____	_____	_____
_____	_____	_____
_____	_____	_____
_____	_____	_____
_____	_____	_____
_____	_____	_____
_____	_____	_____

Rate your Pain

😊 😊 😐 🙁 ☹️ 😣

1 2 3 4 5 6 7 8 9 10 __

Flow

☐ 💧 Heavy
☐ 💧 Medium
☐ 💧 Low
☐ 💧 Spotting
☐ 💧 _____

Liquid Intake

☐ ☐ ☐ ☐ ☐ ☐ ☐ ☐

☐ ☐ ☐ ☐ ☐

NOTES

_____
_____
_____
_____
_____
_____
_____
_____
_____
_____
_____

· ·
· ·
· ·
· ·
· ·
· ·
· ·
· ·
· ·

Date _____

Medication Listing

How do you feel?

☺ ☺ ☺ ☹ ☹

_____
_____
_____
_____
_____
_____
_____
_____

Name	Dosage	Time
_____	_____	_____
_____	_____	_____
_____	_____	_____
_____	_____	_____
_____	_____	_____
_____	_____	_____
_____	_____	_____
_____	_____	_____

Rate your Pain

☺ ☺ ☺ ☹ ☹ 😣

1 2 3 4 5 6 7 8 9 10 __

Flow
☐ 🌢 Heavy
☐ 🌢 Medium
☐ 🌢 Low
☐ 🌢 Spotting
☐ 🌢 _____

Liquid Intake

☐ ☐ ☐ ☐ ☐ ☐ ☐ ☐

☐ ☐ ☐ ☐ ☐

NOTES

_____
_____
_____
_____
_____
_____
_____
_____
_____
_____
_____

· ·
· ·
· ·
· ·
· ·
· ·
· ·
· ·
· ·

Date _____

How do you feel?

☺ ☺ 😐 ☹ 😣

_____
_____
_____
_____
_____
_____
_____
_____
_____

Medication Listing

Name	Dosage	Time
_____	_____	_____
_____	_____	_____
_____	_____	_____
_____	_____	_____
_____	_____	_____
_____	_____	_____
_____	_____	_____
_____	_____	_____

Rate your Pain

☺ ☺ 😐 😕 😢 😱

1 2 3 4 5 6 7 8 9 10 ___

Flow

- ☐ Heavy
- ☐ Medium
- ☐ Low
- ☐ Spotting
- ☐ _____

Liquid Intake

☐ ☐ ☐ ☐ ☐ ☐ ☐ ☐

☐ ☐ ☐ ☐ ☐

NOTES

_____
_____
_____
_____
_____
_____
_____
_____
_____
_____
_____
_____

. . . .
. . . .
. . . .
. . . .
. . . .
. . . .
. . . .
. . . .

Date _____

How do you feel?

☺ ☺ ☺ ☹ ☹

_____
_____
_____
_____
_____
_____
_____
_____
_____

Medication Listing

Name	Dosage	Time
_____	_____	_____
_____	_____	_____
_____	_____	_____
_____	_____	_____
_____	_____	_____
_____	_____	_____
_____	_____	_____
_____	_____	_____

Rate your Pain

☺ ☺ ☺ ☹ 😢 😵

1 2 3 4 5 6 7 8 9 10 ___

Flow
- ☐ Heavy
- ☐ Medium
- ☐ Low
- ☐ Spotting
- ☐ _____

Liquid Intake

☐ ☐ ☐ ☐ ☐ ☐ ☐

☐ ☐ ☐ ☐ ☐

NOTES

_____
_____
_____
_____
_____
_____
_____
_____
_____
_____

. . . .
. . . .
. . . .
. . . .
. . . .
. . . .
. . . .
. . . .

Date _____

How do you feel?

☺ ☺ ☺ ☹ 😢

_____
_____
_____
_____
_____
_____
_____
_____
_____

Rate your Pain

☺ ☺ ☺ ☹ 😢 😖

1 2 3 4 5 6 7 8 9 10 __

NOTES

_____
_____
_____
_____
_____
_____
_____
_____
_____
_____

Medication Listing

Name	Dosage	Time
_____	_____	_____
_____	_____	_____
_____	_____	_____
_____	_____	_____
_____	_____	_____
_____	_____	_____
_____	_____	_____
_____	_____	_____

Flow

☐ Heavy
☐ Medium
☐ Low
☐ Spotting
☐ _____

Liquid Intake

☐ ☐ ☐ ☐ ☐ ☐ ☐
☐ ☐ ☐ ☐ ☐

....
....
....
....
....
....
....
....
....

Date _____

How do you feel?

☺ ☺ ☺ ☹ 😢

_____
_____
_____
_____
_____
_____
_____
_____

Medication Listing

Name	Dosage	Time
_____	_____	_____
_____	_____	_____
_____	_____	_____
_____	_____	_____
_____	_____	_____
_____	_____	_____
_____	_____	_____
_____	_____	_____
_____	_____	_____

Rate your Pain

☺ ☺ ☺ ☹ 😣 😵

1 2 3 4 5 6 7 8 9 10 ___

Flow

- ☐ 💧 Heavy
- ☐ 💧 Medium
- ☐ 💧 Low
- ☐ 💧 Spotting
- ☐ 💧 _____

Liquid Intake

☐ ☐ ☐ ☐ ☐ ☐ ☐ ☐

☐ ☐ ☐ ☐ ☐

NOTES

_____
_____
_____
_____
_____
_____
_____
_____
_____
_____

....
....
....
....
....
....
....
....
....

Date _____

How do you feel?

☺ ☺ ☺ ☹ 😢

_____
_____
_____
_____
_____
_____
_____
_____

Rate your Pain

☺ ☺ ☺ ☹ 😢 😡
1 2 3 4 5 6 7 8 9 10 __

NOTES

_____
_____
_____
_____
_____
_____
_____
_____
_____
_____
_____

Medication Listing

Name	Dosage	Time
____	____	____
____	____	____
____	____	____
____	____	____
____	____	____
____	____	____
____	____	____

Flow
- ☐ 🩸 Heavy
- ☐ 🩸 Medium
- ☐ 🩸 Low
- ☐ 🩸 Spotting
- ☐ 🩸 _____

Liquid Intake

☐ ☐ ☐ ☐ ☐ ☐ ☐ ☐

☐ ☐ ☐ ☐ ☐

....
....
....
....
....
....
....
....
....

Date _____

How do you feel?

☺ ☺ 😐 ☹ 😣

_____
_____
_____
_____
_____
_____
_____
_____
_____

Medication Listing

Name   Dosage   Time

☐ _____   _____   _____
☐ _____   _____   _____
☐ _____   _____   _____
☐ _____   _____   _____
☐ _____   _____   _____
☐ _____   _____   _____
☐ _____   _____   _____
☐ _____   _____   _____
☐ _____   _____   _____

Rate your Pain

☺ ☺ 😐 ☹ 😣 😵

1 2 3 4 5 6 7 8 9 10 __

Flow
☐ 💧 Heavy
☐ 💧 Medium
☐ 💧 Low
☐ 💧 Spotting
☐ 💧 _____

Liquid Intake

☐ ☐ ☐ ☐ ☐ ☐ ☐ ☐

☐ ☐ ☐ ☐ ☐

NOTES

_____
_____
_____
_____
_____
_____
_____
_____
_____
_____
_____

....
....
....
....
....
....
....
....
....

Date _____

How do you feel?

☺ ☺ ☺ ☹ ☹

_____
_____
_____
_____
_____
_____
_____
_____

Rate your Pain

☺ ☺ ☺ ☹ ☹ ☹

1 2 3 4 5 6 7 8 9 10 __

NOTES

_____
_____
_____
_____
_____
_____
_____
_____
_____
_____
_____

Medication Listing

Name	Dosage	Time
_____	_____	_____
_____	_____	_____
_____	_____	_____
_____	_____	_____
_____	_____	_____
_____	_____	_____
_____	_____	_____

Flow

☐ Heavy
☐ Medium
☐ Low
☐ Spotting
☐ _____

Liquid Intake

☐ ☐ ☐ ☐ ☐ ☐ ☐ ☐
☐ ☐ ☐ ☐ ☐

....
....
....
....
....
....
....
....
....

Date _____

How do you feel?

☺ ☺ ☺ ☹ ☹

_____
_____
_____
_____
_____
_____
_____
_____
_____

Medication Listing

Name	Dosage	Time
_____	_____	_____
_____	_____	_____
_____	_____	_____
_____	_____	_____
_____	_____	_____
_____	_____	_____
_____	_____	_____
_____	_____	_____
_____	_____	_____

Rate your Pain

☺ ☺ ☺ ☹ ☹ %!#&

1 2 3 4 5 6 7 8 9 10 __

Flow

☐ ⬤ Heavy
☐ ⬤ Medium
☐ ⬤ Low
☐ ⬤ Spotting
☐ ⬤ _____

Liquid Intake

☐ ☐ ☐ ☐ ☐ ☐ ☐ ☐

☐ ☐ ☐ ☐ ☐

NOTES

_____
_____
_____
_____
_____
_____
_____
_____
_____
_____
_____

....
....
....
....
....
....
....
....
....

Date _____

Medication Listing

How do you feel?

☺ ☺ 😐 ☹ 😣

_____
_____
_____
_____
_____
_____
_____
_____
_____

Name	Dosage	Time

Rate your Pain

☺ ☺ 😐 ☹ 😢 🤬

1 2 3 4 5 6 7 8 9 10 ___

Flow
- ☐ 🩸 Heavy
- ☐ 🩸 Medium
- ☐ 🩸 Low
- ☐ 🩸 Spotting
- ☐ 🩸 _____

Liquid Intake

☐ ☐ ☐ ☐ ☐ ☐ ☐

☐ ☐ ☐ ☐ ☐

NOTES

_____
_____
_____
_____
_____
_____
_____
_____
_____

· ·
· ·
· ·
· ·
· ·
· ·
· ·
· ·

Date _____

How do you feel?

☺ ☺ 😐 ☹ 😢

_____
_____
_____
_____
_____
_____
_____
_____
_____

Medication Listing

Name	Dosage	Time

Rate your Pain

☺ ☺ 😐 ☹ 😢 😵

1 2 3 4 5 6 7 8 9 10 __

Flow

☐ 💧 Heavy
☐ 💧 Medium
☐ 💧 Low
☐ 💧 Spotting
☐ 💧 _____

Liquid Intake

☐ ☐ ☐ ☐ ☐ ☐ ☐

☐ ☐ ☐ ☐ ☐

NOTES

_____
_____
_____
_____
_____
_____
_____
_____
_____

....
....
....
....
....
....
....
....

Date _____

Medication Listing

How do you feel?

☺ ☺ ☺ ☹ ☹

_____
_____
_____
_____
_____
_____
_____
_____
_____

Name	Dosage	Time
_____	_____	_____
_____	_____	_____
_____	_____	_____
_____	_____	_____
_____	_____	_____
_____	_____	_____
_____	_____	_____
_____	_____	_____
_____	_____	_____

Rate your Pain

☺ ☺ ☺ ☹ ☹ 😡

1 2 3 4 5 6 7 8 9 10 __

Flow
- ☐ 🌢 Heavy
- ☐ 🌢 Medium
- ☐ 🌢 Low
- ☐ 🌢 Spotting
- ☐ 🌢 _____

Liquid Intake

☐ ☐ ☐ ☐ ☐ ☐ ☐ ☐

☐ ☐ ☐ ☐ ☐

NOTES

_____
_____
_____
_____
_____
_____
_____
_____
_____

....
....
....
....
....
....
....
....
....

Date _____

How do you feel?

☺ ☺ 😐 ☹ 😢

_____
_____
_____
_____
_____
_____
_____
_____

Medication Listing

Name	Dosage	Time
_____	_____	_____
_____	_____	_____
_____	_____	_____
_____	_____	_____
_____	_____	_____
_____	_____	_____
_____	_____	_____
_____	_____	_____

Rate your Pain

☺ ☺ 😐 ☹ 😫 🤬

1 2 3 4 5 6 7 8 9 10 ___

Flow
- ☐ 💧 Heavy
- ☐ 💧 Medium
- ☐ 💧 Low
- ☐ 💧 Spotting
- ☐ 💧 _____

Liquid Intake

☐ ☐ ☐ ☐ ☐ ☐ ☐ ☐

☐ ☐ ☐ ☐ ☐

NOTES

_____
_____
_____
_____
_____
_____
_____

_____
_____
_____
_____

....
....
....
....
....
....
....
....
....

Date _____

Medication Listing

How do you feel?

☺ ☺ ☺ ☹ ☹

_____
_____
_____
_____
_____
_____
_____
_____

Name	Dosage	Time
_____	_____	_____
_____	_____	_____
_____	_____	_____
_____	_____	_____
_____	_____	_____
_____	_____	_____
_____	_____	_____
_____	_____	_____
_____	_____	_____
_____	_____	_____

Rate your Pain

☺ ☺ ☺ ☹ ☹ 😱

1 2 3 4 5 6 7 8 9 10 __

Flow
☐ 💧 Heavy
☐ 💧 Medium
☐ 💧 Low
☐ 💧 Spotting
☐ 💧 _____

Liquid Intake

☐ ☐ ☐ ☐ ☐ ☐ ☐ ☐

☐ ☐ ☐ ☐ ☐

NOTES
_____
_____
_____
_____
_____
_____
_____
_____
_____
_____
_____

. . . .
. . . .
. . . .
. . . .
. . . .
. . . .
. . . .
. . . .
. . . .

Date _____

How do you feel?

😊 🙂 😐 🙁 😣

_____
_____
_____
_____
_____
_____
_____
_____

Medication Listing

Name	Dosage	Time
_____	_____	_____
_____	_____	_____
_____	_____	_____
_____	_____	_____
_____	_____	_____
_____	_____	_____
_____	_____	_____
_____	_____	_____
_____	_____	_____

Rate your Pain

😊 🙂 😐 🙁 😣 😖

1 2 3 4 5 6 7 8 9 10 __

Flow

- ☐ 💧 Heavy
- ☐ 💧 Medium
- ☐ 💧 Low
- ☐ 💧 Spotting
- ☐ 💧 _____

Liquid Intake

☐ ☐ ☐ ☐ ☐ ☐ ☐ ☐

☐ ☐ ☐ ☐ ☐

NOTES

_____
_____
_____
_____
_____
_____
_____
_____
_____
_____

. . . .
. . . .
. . . .
. . . .
. . . .
. . . .
. . . .
. . . .
. . . .

Date _____

How do you feel?

☺ ☺ ☺ ☹ ☹

_____
_____
_____
_____
_____
_____
_____
_____

Medication Listing

Name	Dosage	Time
_____	_____	_____
_____	_____	_____
_____	_____	_____
_____	_____	_____
_____	_____	_____
_____	_____	_____
_____	_____	_____
_____	_____	_____

Rate your Pain

☺ ☺ ☺ ☹ ☹ 😡
1 2 3 4 5 6 7 8 9 10 __

Flow
☐ 💧 Heavy
☐ 💧 Medium
☐ 💧 Low
☐ 💧 Spotting
☐ 💧 _____

Liquid Intake

☐ ☐ ☐ ☐ ☐ ☐ ☐ ☐
☐ ☐ ☐ ☐ ☐

NOTES
_____
_____
_____
_____
_____
_____
_____
_____
_____
_____
_____

· ·
· ·
· ·
· ·
· ·
· ·
· ·
· ·
· ·

Date _____

Medication Listing

How do you feel?

☺ ☺ ☺ ☹ 😢

_____
_____
_____
_____
_____
_____
_____
_____

Name	Dosage	Time
_____	_____	_____
_____	_____	_____
_____	_____	_____
_____	_____	_____
_____	_____	_____
_____	_____	_____
_____	_____	_____
_____	_____	_____
_____	_____	_____

Rate your Pain

☺ ☺ ☺ ☹ 😢 😤

1 2 3 4 5 6 7 8 9 10 __

Flow
- ☐ 🌢 Heavy
- ☐ 🌢 Medium
- ☐ 🌢 Low
- ☐ 🌢 Spotting
- ☐ 🌢 _____

Liquid Intake

☐ ☐ ☐ ☐ ☐ ☐ ☐ ☐

☐ ☐ ☐ ☐ ☐

NOTES
_____
_____
_____
_____
_____
_____
_____
_____
_____
_____
_____

....
....
....
....
....
....
....
....
....

Date _____

Medication Listing

How do you feel?

☺ ☺ ☺ ☹ 😢

_____
_____
_____
_____
_____
_____
_____
_____

Name	Dosage	Time
_____	_____	_____
_____	_____	_____
_____	_____	_____
_____	_____	_____
_____	_____	_____
_____	_____	_____
_____	_____	_____

Rate your Pain

☺ ☺ ☺ ☹ 😢 😤

1 2 3 4 5 6 7 8 9 10 __

Flow

- ☐ 💧 Heavy
- ☐ 💧 Medium
- ☐ 💧 Low
- ☐ 💧 Spotting
- ☐ 💧 _____

Liquid Intake

☐ ☐ ☐ ☐ ☐ ☐ ☐ ☐

☐ ☐ ☐ ☐ ☐

NOTES

_____
_____
_____
_____
_____
_____
_____
_____
_____

....
....
....
....
....
....
....
....
....

Date _____

Medication Listing

Name	Dosage	Time
_____	_____	_____
_____	_____	_____
_____	_____	_____
_____	_____	_____
_____	_____	_____
_____	_____	_____
_____	_____	_____
_____	_____	_____
_____	_____	_____

How do you feel?

😀 🙂 😐 🙁 😢

_____
_____
_____
_____
_____
_____
_____
_____
_____

Rate your Pain

😀 🙂 😐 🙁 😢 😖

1 2 3 4 5 6 7 8 9 10 ___

Flow
- ☐ 🌢 Heavy
- ☐ 🌢 Medium
- ☐ 🌢 Low
- ☐ 🌢 Spotting
- ☐ 🌢 _____

Liquid Intake

☐ ☐ ☐ ☐ ☐ ☐ ☐

☐ ☐ ☐ ☐ ☐

NOTES

_____
_____
_____
_____
_____
_____
_____
_____
_____

. . . .
. . . .
. . . .
. . . .
. . . .
. . . .
. . . .
. . . .

Date _____

Medication Listing

How do you feel?

☺ ☺ ☹ ☹ 😢

_____
_____
_____
_____
_____
_____
_____
_____

Name	Dosage	Time

Rate your Pain

☺ ☺ ☺ ☹ 😢 😖

1 2 3 4 5 6 7 8 9 10 __

Flow
☐ 🌢 Heavy
☐ 🌢 Medium
☐ 🌢 Low
☐ 🌢 Spotting
☐ 🌢 _____

Liquid Intake

☐ ☐ ☐ ☐ ☐ ☐ ☐ ☐

☐ ☐ ☐ ☐ ☐

NOTES
_____
_____
_____
_____
_____
_____
_____
_____
_____

....
....
....
....
....
....
....
....
....

Date _____

How do you feel?

☺ ☺ ☺ ☹ 😢

_____
_____
_____
_____
_____
_____
_____
_____
_____

Rate your Pain

☺ ☺ ☺ ☹ 😢 😤

1 2 3 4 5 6 7 8 9 10 __

NOTES

_____
_____
_____
_____
_____
_____
_____
_____
_____
_____
_____
_____

Medication Listing

Name	Dosage	Time
☐		
☐		
☐		
☐		
☐		
☐		
☐		
☐		
☐		
☐		

Flow

☐ 💧 Heavy
☐ 💧 Medium
☐ 💧 Low
☐ 💧 Spotting
☐ 💧 _____

Liquid Intake

☐ ☐ ☐ ☐ ☐ ☐ ☐ ☐
☐ ☐ ☐ ☐ ☐

....
....
....
....
....
....
....
....
....

Date _____

Medication Listing

How do you feel?

☺ ☺ ☺ ☹ ☹

_____
_____
_____
_____
_____
_____
_____
_____
_____

Name	Dosage	Time
_____	_____	_____
_____	_____	_____
_____	_____	_____
_____	_____	_____
_____	_____	_____
_____	_____	_____
_____	_____	_____
_____	_____	_____
_____	_____	_____

Rate your Pain

☺ ☺ ☺ ☹ ☹ 😡

1 2 3 4 5 6 7 8 9 10 __

Flow
- ☐ 🌢 Heavy
- ☐ 🌢 Medium
- ☐ 🌢 Low
- ☐ 🌢 Spotting
- ☐ 🌢 _____

Liquid Intake

☐ ☐ ☐ ☐ ☐ ☐ ☐ ☐

☐ ☐ ☐ ☐ ☐

NOTES

_____
_____
_____
_____
_____
_____
_____
_____
_____

....
....
....
....
....
....
....
....
....

Date _____

How do you feel?

☺ ☺ ☺ ☹ 😢

_____
_____
_____
_____
_____
_____
_____
_____
_____

Rate your Pain

☺ ☺ ☺ ☹ 😢 😖

1 2 3 4 5 6 7 8 9 10 __

NOTES

_____
_____
_____
_____
_____
_____
_____
_____
_____
_____
_____

Medication Listing

Name	Dosage	Time
_____	_____	_____
_____	_____	_____
_____	_____	_____
_____	_____	_____
_____	_____	_____
_____	_____	_____
_____	_____	_____
_____	_____	_____
_____	_____	_____

Flow

- ☐ 🩸 Heavy
- ☐ 🩸 Medium
- ☐ 🩸 Low
- ☐ 🩸 Spotting
- ☐ 🩸 _____

Liquid Intake

☐ ☐ ☐ ☐ ☐ ☐ ☐ ☐

☐ ☐ ☐ ☐ ☐

....
....
....
....
....
....
....
....
....

Date _____

Medication Listing

How do you feel?

🙂 🙂 😐 🙁 😢

_____
_____
_____
_____
_____
_____
_____
_____
_____

Name	Dosage	Time
_____	_____	_____
_____	_____	_____
_____	_____	_____
_____	_____	_____
_____	_____	_____
_____	_____	_____
_____	_____	_____
_____	_____	_____
_____	_____	_____
_____	_____	_____

Rate your Pain

🙂 🙂 😐 🙁 😢 😖

1 2 3 4 5 6 7 8 9 10 __

Flow

- ☐ 💧 Heavy
- ☐ 💧 Medium
- ☐ 💧 Low
- ☐ 💧 Spotting
- ☐ 💧 _____

Liquid Intake

NOTES

_____
_____
_____
_____
_____
_____
_____
_____
_____
_____
_____

. . . .
. . . .
. . . .
. . . .
. . . .
. . . .
. . . .
. . . .
. . . .

Date _____

How do you feel?

☺ ☺ ☺ ☹ ☹

_____
_____
_____
_____
_____
_____
_____
_____
_____
_____

Medication Listing

Name	Dosage	Time
_____	_____	_____
_____	_____	_____
_____	_____	_____
_____	_____	_____
_____	_____	_____
_____	_____	_____
_____	_____	_____
_____	_____	_____
_____	_____	_____

Rate your Pain

☺ ☺ ☺ ☹ ☹ 😖

1 2 3 4 5 6 7 8 9 10 __

Flow
- ☐ 🌢 Heavy
- ☐ 🌢 Medium
- ☐ 🌢 Low
- ☐ 🌢 Spotting
- ☐ 🌢 _____

Liquid Intake

☐ ☐ ☐ ☐ ☐ ☐ ☐ ☐

☐ ☐ ☐ ☐ ☐

NOTES

_____
_____
_____
_____
_____
_____
_____
_____
_____
_____
_____

....
....
....
....
....
....
....
....
....

Date _____

Medication Listing

How do you feel?

☺ ☺ ☹ ☹ 😢

_____
_____
_____
_____
_____
_____
_____
_____

Name	Dosage	Time
_____	_____	_____
_____	_____	_____
_____	_____	_____
_____	_____	_____
_____	_____	_____
_____	_____	_____
_____	_____	_____
_____	_____	_____

Rate your Pain

☺ ☺ ☹ ☹ 😢 🤬

1 2 3 4 5 6 7 8 9 10 ___

Flow
- ☐ 💧 Heavy
- ☐ 💧 Medium
- ☐ 💧 Low
- ☐ 💧 Spotting
- ☐ 💧 _____

Liquid Intake

☐ ☐ ☐ ☐ ☐ ☐ ☐ ☐

☐ ☐ ☐ ☐ ☐

NOTES

_____
_____
_____
_____
_____
_____
_____
_____
_____
_____
_____

. . . .
. . . .
. . . .
. . . .
. . . .
. . . .
. . . .
. . . .
. . . .

Date _____

Medication Listing

How do you feel?

☺ ☺ 😐 ☹ 😢

_____
_____
_____
_____
_____
_____
_____
_____

Name	Dosage	Time
_____	_____	_____
_____	_____	_____
_____	_____	_____
_____	_____	_____
_____	_____	_____
_____	_____	_____
_____	_____	_____
_____	_____	_____

Rate your Pain

☺ ☺ 😐 ☹ 😢 😵

1 2 3 4 5 6 7 8 9 10 __

Flow

☐ 🌢 Heavy
☐ 🌢 Medium
☐ 🌢 Low
☐ 🌢 Spotting
☐ 🌢 _____

Liquid Intake

☐ ☐ ☐ ☐ ☐ ☐ ☐ ☐

☐ ☐ ☐ ☐ ☐

NOTES

_____
_____
_____
_____
_____
_____
_____
_____
_____
_____

. . . .
. . . .
. . . .
. . . .
. . . .
. . . .
. . . .
. . . .

Date _____

How do you feel?

☺ ☺ ☺ ☹ 😢

_____
_____
_____
_____
_____
_____
_____
_____

Medication Listing

Name	Dosage	Time
_____	_____	_____
_____	_____	_____
_____	_____	_____
_____	_____	_____
_____	_____	_____
_____	_____	_____
_____	_____	_____
_____	_____	_____
_____	_____	_____

Rate your Pain

☺ ☺ ☺ ☹ 😢 😖

1 2 3 4 5 6 7 8 9 10 __

Flow

- ☐ 🌢 Heavy
- ☐ 🌢 Medium
- ☐ 🌢 Low
- ☐ 🌢 Spotting
- ☐ 🌢 _____

Liquid Intake

☐ ☐ ☐ ☐ ☐ ☐ ☐

☐ ☐ ☐ ☐ ☐

NOTES

_____
_____
_____
_____
_____
_____
_____
_____
_____
_____

....
....
....
....
....
....
....
....
....

Date _____

Medication Listing

How do you feel?

☺ ☺ ☺ ☹ 😢

_____
_____
_____
_____
_____
_____
_____
_____
_____

Name	Dosage	Time
_____	_____	_____
_____	_____	_____
_____	_____	_____
_____	_____	_____
_____	_____	_____
_____	_____	_____
_____	_____	_____
_____	_____	_____
_____	_____	_____

Rate your Pain

☺ ☺ ☺ ☹ 😢 %!#&

1 2 3 4 5 6 7 8 9 10 __

Flow
- ☐ 💧 Heavy
- ☐ 💧 Medium
- ☐ 💧 Low
- ☐ 💧 Spotting
- ☐ 💧 _____

Liquid Intake

☐ ☐ ☐ ☐ ☐ ☐ ☐ ☐

☐ ☐ ☐ ☐ ☐

NOTES

_____
_____
_____
_____
_____
_____
_____
_____
_____
_____

· ·
· ·
· ·
· ·
· ·
· ·
· ·
· ·
· ·

Date _____

Medication Listing

How do you feel?

😃 🙂 😐 🙁 😢

_____
_____
_____
_____
_____
_____
_____
_____
_____

Name	Dosage	Time
_____	_____	_____
_____	_____	_____
_____	_____	_____
_____	_____	_____
_____	_____	_____
_____	_____	_____
_____	_____	_____
_____	_____	_____
_____	_____	_____

Rate your Pain

😃 🙂 😐 🙁 😢 🤬

1 2 3 4 5 6 7 8 9 10 __

Flow
- ☐ 💧 Heavy
- ☐ 💧 Medium
- ☐ 💧 Low
- ☐ 💧 Spotting
- ☐ 💧 _____

Liquid Intake

☐ ☐ ☐ ☐ ☐ ☐ ☐ ☐

☐ ☐ ☐ ☐ ☐

NOTES
_____
_____
_____
_____
_____
_____
_____
_____
_____
_____
_____

....
....
....
....
....
....
....
....
....

Date _____

Medication Listing

How do you feel?

☺ ☺ 😐 ☹ 😢

_____
_____
_____
_____
_____
_____
_____
_____
_____

Name	Dosage	Time
☐ _____	_____	_____
☐ _____	_____	_____
☐ _____	_____	_____
☐ _____	_____	_____
☐ _____	_____	_____
☐ _____	_____	_____
☐ _____	_____	_____
☐ _____	_____	_____

Rate your Pain

☺ ☺ 😐 ☹ 😢 %!#&

1 2 3 4 5 6 7 8 9 10 __

Flow
- ☐ Heavy
- ☐ Medium
- ☐ Low
- ☐ Spotting
- ☐ _____

Liquid Intake

☐ ☐ ☐ ☐ ☐ ☐ ☐ ☐

☐ ☐ ☐ ☐ ☐

NOTES

_____
_____
_____
_____
_____
_____
_____
_____
_____
_____

....
....
....
....
....
....
....
....
....

Date _____

How do you feel?

☺ ☺ ☺ ☹ ☹

_____
_____
_____
_____
_____
_____
_____
_____

Rate your Pain

☺ ☺ ☺ ☹ ☹ 😣

1 2 3 4 5 6 7 8 9 10 __

NOTES

_____
_____
_____
_____
_____
_____
_____
_____
_____
_____
_____

Medication Listing

Name	Dosage	Time
_____	_____	_____
_____	_____	_____
_____	_____	_____
_____	_____	_____
_____	_____	_____
_____	_____	_____
_____	_____	_____
_____	_____	_____
_____	_____	_____

Flow
- ☐ 💧 Heavy
- ☐ 💧 Medium
- ☐ 💧 Low
- ☐ 💧 Spotting
- ☐ 💧 _____

Liquid Intake

....
....
....
....
....
....
....
....
....

Date _____

How do you feel?

☺ ☺ ☺ ☹ ☹

_____
_____
_____
_____
_____
_____
_____
_____

Rate your Pain

😄 🙂 😐 ☹️ 😢 🤬

1 2 3 4 5 6 7 8 9 10 __

NOTES

_____
_____
_____
_____
_____
_____
_____
_____
_____
_____

Medication Listing

Name	Dosage	Time
_____	_____	_____
_____	_____	_____
_____	_____	_____
_____	_____	_____
_____	_____	_____
_____	_____	_____
_____	_____	_____
_____	_____	_____
_____	_____	_____

Flow
- ☐ 💧 Heavy
- ☐ 💧 Medium
- ☐ 💧 Low
- ☐ 💧 Spotting
- ☐ 💧 _____

Liquid Intake

☐ ☐ ☐ ☐ ☐ ☐ ☐ ☐

☐ ☐ ☐ ☐ ☐

....
....
....
....
....
....
....
....
....

Date _____

Medication Listing

How do you feel?

☺ ☺ ☺ ☹ ☹

_____
_____
_____
_____
_____
_____
_____
_____
_____

Name	Dosage	Time

Rate your Pain

☺ ☺ ☺ ☹ ☹ %!#&

1 2 3 4 5 6 7 8 9 10 __

Flow
- ☐ Heavy
- ☐ Medium
- ☐ Low
- ☐ Spotting
- ☐ _____

Liquid Intake

☐ ☐ ☐ ☐ ☐ ☐ ☐ ☐

☐ ☐ ☐ ☐ ☐

NOTES

_____
_____
_____
_____
_____
_____
_____
_____
_____
_____
_____

. . . .
. . . .
. . . .
. . . .
. . . .
. . . .
. . . .
. . . .
. . . .

Date _____

Medication Listing

Name	Dosage	Time
_____	_____	_____
_____	_____	_____
_____	_____	_____
_____	_____	_____
_____	_____	_____
_____	_____	_____
_____	_____	_____
_____	_____	_____
_____	_____	_____
_____	_____	_____

How do you feel?

☺ ☺ 😐 ☹ 😣

_____
_____
_____
_____
_____
_____
_____
_____

Rate your Pain

☺ ☺ 😐 ☹ 😣 😵

1 2 3 4 5 6 7 8 9 10 __

Flow
- ☐ Heavy
- ☐ Medium
- ☐ Low
- ☐ Spotting
- ☐ _____

Liquid Intake

☐ ☐ ☐ ☐ ☐ ☐ ☐ ☐

☐ ☐ ☐ ☐ ☐

NOTES

_____
_____
_____
_____
_____
_____
_____
_____
_____
_____

. . . .
. . . .
. . . .
. . . .
. . . .
. . . .
. . . .
. . . .

Date _____

Medication Listing

How do you feel?

☺ ☺ ☺ ☹ ☹

_____
_____
_____
_____
_____
_____
_____
_____

Name	Dosage	Time

Rate your Pain

☺ ☺ ☺ ☹ ☹ 😡

1 2 3 4 5 6 7 8 9 10 __

Flow
☐ 🌢 Heavy
☐ 🌢 Medium
☐ 🌢 Low
☐ 🌢 Spotting
☐ 🌢 _____

Liquid Intake

☐ ☐ ☐ ☐ ☐ ☐ ☐ ☐

☐ ☐ ☐ ☐ ☐

NOTES

_____
_____
_____
_____
_____
_____
_____
_____
_____
_____

....
....
....
....
....
....
....
....
....

Date _____

Medication Listing

How do you feel?

☺ ☺ ☺ ☹ 😢

_____
_____
_____
_____
_____
_____
_____
_____
_____

Name	Dosage	Time
_____	_____	_____
_____	_____	_____
_____	_____	_____
_____	_____	_____
_____	_____	_____
_____	_____	_____
_____	_____	_____
_____	_____	_____

Rate your Pain

☺ ☺ ☺ ☹ 😢 🤬

1 2 3 4 5 6 7 8 9 10 __

Flow
☐ 💧 Heavy
☐ 💧 Medium
☐ 💧 Low
☐ 💧 Spotting
☐ 💧 _____

Liquid Intake

☐ ☐ ☐ ☐ ☐ ☐ ☐ ☐

☐ ☐ ☐ ☐ ☐

NOTES

_____
_____
_____
_____
_____
_____
_____
_____
_____

....
....
....
....
....
....
....
....
....

Date _____

Medication Listing

How do you feel?

☺ ☺ ☺ ☹ ☹

_____
_____
_____
_____
_____
_____
_____
_____

Name	Dosage	Time

Rate your Pain

☺ ☺ ☺ ☹ ☹ 😡

1 2 3 4 5 6 7 8 9 10 __

Flow
- ☐ Heavy
- ☐ Medium
- ☐ Low
- ☐ Spotting
- ☐ _____

Liquid Intake

☐ ☐ ☐ ☐ ☐ ☐ ☐ ☐

☐ ☐ ☐ ☐ ☐

NOTES

_____
_____
_____
_____
_____
_____
_____
_____
_____
_____

....
....
....
....
....
....
....
....
....

Date _____

How do you feel?

☺ ☺ ☺ ☹ ☹

_____
_____
_____
_____
_____
_____
_____
_____
_____

Rate your Pain

☺ ☺ ☺ ☹ ☹ 😠

1 2 3 4 5 6 7 8 9 10 __

NOTES

_____
_____
_____
_____
_____
_____
_____
_____
_____
_____
_____

Medication Listing

Name	Dosage	Time
_____	_____	_____
_____	_____	_____
_____	_____	_____
_____	_____	_____
_____	_____	_____
_____	_____	_____
_____	_____	_____
_____	_____	_____

Flow
- ☐ 💧 Heavy
- ☐ 💧 Medium
- ☐ 💧 Low
- ☐ 💧 Spotting
- ☐ 💧 _____

Liquid Intake

☐ ☐ ☐ ☐ ☐ ☐ ☐ ☐

☐ ☐ ☐ ☐ ☐

....
....
....
....
....
....
....
....
....

Date _____

How do you feel?

☺ ☺ ☺ ☹ 😢

_____
_____
_____
_____
_____
_____
_____
_____

Rate your Pain

😄 ☺ ☺ ☹ 😢 😵

1 2 3 4 5 6 7 8 9 10 __

┌ NOTES ──────

_____
_____
_____
_____
_____
_____
_____
_____
_____
_____
_____
_____

Medication Listing

Name	Dosage	Time
_____	_____	_____
_____	_____	_____
_____	_____	_____
_____	_____	_____
_____	_____	_____
_____	_____	_____
_____	_____	_____
_____	_____	_____
_____	_____	_____

Flow

☐ 🌢 Heavy
☐ 🌢 Medium
☐ 🌢 Low
☐ 🌢 Spotting
☐ 🌢 _____

Liquid Intake

☐ ☐ ☐ ☐ ☐ ☐ ☐ ☐

☐ ☐ ☐ ☐ ☐

....
....
....
....
....
....
....
....
....

Date _____

Medication Listing

How do you feel?

☺ ☺ 😐 🙁 😢
_____
_____
_____
_____
_____
_____
_____

Name	Dosage	Time

Rate your Pain

☺ ☺ 😐 🙁 😢 😠
1 2 3 4 5 6 7 8 9 10 __

Flow
- ☐ 🌢 Heavy
- ☐ 🌢 Medium
- ☐ 🌢 Low
- ☐ 🌢 Spotting
- ☐ 🌢 _____

Liquid Intake

☐ ☐ ☐ ☐ ☐ ☐ ☐

☐ ☐ ☐ ☐ ☐

NOTES
_____
_____
_____
_____
_____
_____
_____
_____
_____
_____

....
....
....
....
....
....
....
....
....

Date _____

How do you feel?

☺ ☺ 😐 ☹ 😢

_____
_____
_____
_____
_____
_____
_____
_____
_____

Medication Listing

Name	Dosage	Time
_____	_____	_____
_____	_____	_____
_____	_____	_____
_____	_____	_____
_____	_____	_____
_____	_____	_____
_____	_____	_____
_____	_____	_____
_____	_____	_____

Rate your Pain

☺ ☺ 😐 ☹ 😢 😡

1 2 3 4 5 6 7 8 9 10 __

Flow
- ☐ 💧 Heavy
- ☐ 💧 Medium
- ☐ 💧 Low
- ☐ 💧 Spotting
- ☐ 💧 _____

Liquid Intake

☐ ☐ ☐ ☐ ☐ ☐ ☐ ☐

☐ ☐ ☐ ☐ ☐

NOTES

_____
_____
_____
_____
_____
_____
_____
_____
_____
_____

. . . .
. . . .
. . . .
. . . .
. . . .
. . . .
. . . .
. . . .
. . . .

Date_____

How do you feel?

☺ ☺ ☺ ☹ 😢

_____
_____
_____
_____
_____
_____
_____
_____
_____

Medication Listing

Name	Dosage	Time
_____	_____	_____
_____	_____	_____
_____	_____	_____
_____	_____	_____
_____	_____	_____
_____	_____	_____
_____	_____	_____
_____	_____	_____

Rate your Pain

☺ ☺ ☺ ☹ 😢 %!#&

1 2 3 4 5 6 7 8 9 10 __

Flow
☐ ◗ Heavy
☐ ◗ Medium
☐ ◗ Low
☐ ◗ Spotting
☐ ◌ _____

Liquid Intake
☐ ☐ ☐ ☐ ☐ ☐ ☐
☐ ☐ ☐ ☐ ☐

NOTES

_____
_____
_____
_____
_____
_____
_____
_____
_____

· ·
· ·
· ·
· ·
· ·
· ·
· ·
· ·
· ·

Date _____

Medication Listing

How do you feel?

☺ ☺ 😐 ☹ 😢

_____
_____
_____
_____
_____
_____
_____
_____

Name	Dosage	Time
_____	_____	_____
_____	_____	_____
_____	_____	_____
_____	_____	_____
_____	_____	_____
_____	_____	_____
_____	_____	_____

Rate your Pain

☺ ☺ 😐 ☹ 😢 %!#&

1 2 3 4 5 6 7 8 9 10 ___

NOTES

_____
_____
_____
_____
_____
_____
_____
_____
_____
_____
_____

Flow
- ☐ Heavy
- ☐ Medium
- ☐ Low
- ☐ Spotting
- ☐ _____

Liquid Intake

☐ ☐ ☐ ☐ ☐ ☐ ☐ ☐

☐ ☐ ☐ ☐ ☐

....
....
....
....
....
....
....
....
....

Date _____

How do you feel?

☺ ☺ ☺ ☹ 😢

_____
_____
_____
_____
_____
_____
_____
_____
_____

Rate your Pain

☺ ☺ ☺ ☹ 😢 😡

1 2 3 4 5 6 7 8 9 10 __

NOTES

_____
_____
_____
_____
_____
_____
_____
_____
_____
_____
_____

Medication Listing

Name	Dosage	Time
_____	_____	_____
_____	_____	_____
_____	_____	_____
_____	_____	_____
_____	_____	_____
_____	_____	_____
_____	_____	_____
_____	_____	_____

Flow

- ☐ 💧 Heavy
- ☐ 💧 Medium
- ☐ 💧 Low
- ☐ 💧 Spotting
- ☐ 💧 _____

Liquid Intake

☐ ☐ ☐ ☐ ☐ ☐ ☐ ☐

☐ ☐ ☐ ☐ ☐

....
....
....
....
....
....
....
....
....

Date _____

Medication Listing

How do you feel?

☺ ☺ ☺ ☹ ☹

_____
_____
_____
_____
_____
_____
_____
_____
_____

Name	Dosage	Time
_____	_____	_____
_____	_____	_____
_____	_____	_____
_____	_____	_____
_____	_____	_____
_____	_____	_____
_____	_____	_____
_____	_____	_____
_____	_____	_____
_____	_____	_____

Rate your Pain

☺ ☺ ☺ ☹ ☹ %!#&

1 2 3 4 5 6 7 8 9 10 __

Flow
- ☐ 🌢 Heavy
- ☐ 🌢 Medium
- ☐ 🌢 Low
- ☐ 🌢 Spotting
- ☐ 🌢 _____

Liquid Intake

☐ ☐ ☐ ☐ ☐ ☐ ☐ ☐

☐ ☐ ☐ ☐ ☐

NOTES

_____
_____
_____
_____
_____
_____
_____
_____
_____
_____
_____

. . . .
. . . .
. . . .
. . . .
. . . .
. . . .
. . . .
. . . .
. . . .

Date _____

How do you feel?

☺ ☺ ☺ ☹ ☹

_____
_____
_____
_____
_____
_____
_____
_____
_____
_____

Medication Listing

Name	Dosage	Time
_____	_____	_____
_____	_____	_____
_____	_____	_____
_____	_____	_____
_____	_____	_____
_____	_____	_____
_____	_____	_____
_____	_____	_____

Rate your Pain

☺ ☺ ☺ ☹ ☹ 😠

1 2 3 4 5 6 7 8 9 10 __

Flow

- ☐ 💧 Heavy
- ☐ 💧 Medium
- ☐ 💧 Low
- ☐ 💧 Spotting
- ☐ 💧 _____

Liquid Intake

☐ ☐ ☐ ☐ ☐ ☐ ☐ ☐

☐ ☐ ☐ ☐ ☐

NOTES

_____
_____
_____
_____
_____
_____
_____
_____
_____
_____
_____

....
....
....
....
....
....
....
....
....

Date _____

Medication Listing

How do you feel?

☺ ☺ ☺ ☹ ☹

_____
_____
_____
_____
_____
_____
_____
_____
_____

Name	Dosage	Time
_____	_____	_____
_____	_____	_____
_____	_____	_____
_____	_____	_____
_____	_____	_____
_____	_____	_____
_____	_____	_____
_____	_____	_____
_____	_____	_____

Rate your Pain

☺ ☺ ☺ ☹ ☹ 😠

1 2 3 4 5 6 7 8 9 10 __

Flow

- ☐ ⬤ Heavy
- ☐ ⬤ Medium
- ☐ ⬤ Low
- ☐ ⬤ Spotting
- ☐ ⬤ _____

Liquid Intake

☐ ☐ ☐ ☐ ☐ ☐ ☐ ☐

☐ ☐ ☐ ☐ ☐

NOTES

_____
_____
_____
_____
_____
_____
_____
_____
_____
_____
_____

· ·
· ·
· ·
· ·
· ·
· ·
· ·
· ·
· ·

Pictorial Journey

About the Author

Teras {Terez} Smith-Smith {yup! Her maiden name and married name are the same} is a Brand Designer + Educator based out of Ellenwood, {Dekalb County} Georgia. She has been a Creative Entrepreneur for over 34 years and has worn some of the cutest hats as a: stationery designer, balloon artist, optometrist assistant, postal worker, wedding planner, computer lab manager, and author. Teras has been blessed with the gift of translating complex strategies and systems into easily understood terms that her clients can not only understand but receive a return on their investment.

Let's Stay Connected & To Purchase Products

 teras_thepaperlover

 www.thepaperlovertv.com

 www.thepaperlover.com